P9-DMK-019

ADAPTACIÓN

EL DIARIO DE ANA FRANK

Ana Frank

SELECTOR
actualidad editorial

SELECTOR
actualidad editorial

Doctor Erazo 120 Colonia Doctores 06720 México, D.F.
Tel. (52 55) 51 34 05 70 Fax. (52 55) 57 61 57 16

EL DIARIO DE ANA FRANK -ADAPTACIÓN-
Adaptador: Blanca Martínez
Colección: Clásicos juveniles

Adaptación de la obra original: *El diario de Ana Frank* por *Ana Frank*.

Diseño de portada: Sergio Edmundo Osorio Sánchez
Ilustración de interiores: Rogelio Bobadilla

D.R. © Selector, S.A. de C.V., 2006
        Doctor Erazo, 120, Col. Doctores
        C.P. 06720, México, D.F.

ISBN 10: 970-643-934-X
ISBN 13: 978-970-643-934-5

Primera edición: junio de 2006

Sistema de clasificación Melvil Dewey

830
F1
2006   Frank, Ana.
            El diario de Ana Frank -adaptación- / Ana Frank.
            adapt., Blanca Martínez.—
            México, D.F.: Selector, S.A. de C.V., 2006.
            96 p.
            ISBN 10: 970-643-934-X
            ISBN 13: 978-970-643-934-5

            1. Literatura universal. 2. Literatura juvenil.

Características tipográficas aseguradas conforme a la ley.
Prohibida la reproducción parcial o total de este libro
sin la autorización por escrito del editor.
Impreso y encuadernado en México.
Printed and bound in México

Contenido

El Sol brilla, el cielo se ve de un color azul intenso, hay una agradable brisa y yo tengo enormes deseos de conversar, deseos de libertad, deseos de estar con mis amigos, deseos de estar sola.
¡Deseos de... llorar!

ANA FRANK

Los dos mirábamos el cielo azul, el castaño sin hojas,
lleno de gotitas resplandecientes, las gaviotas
y los otros pájaros que al volar
se veían color plata.
Mientras esto exista —pensé—,
este sol que brilla,
este cielo tan azul, y mientras pueda verlo,
¿cómo podría sentirme triste?

ANA FRANK

Personajes principales de la obra por orden de aparición:

Ana Frank: niña de trece años, protagonista y autora del diario.

Edith Hollander Frank: mamá de Ana Frank.

Pim: apodo de Otto Frank, papá de Ana.

Margot: hermana mayor de Ana.

Kitty: nombre del diario al que Ana escribirá, como si fuera una amiga imaginaria.

Sr. Van Daan: socio del padre de Ana.

Sra. Van Daan: esposa del anterior.

Peter Van Daan: hijo del matrimonio Van Daan y enamorado de Ana Frank.

Sr. Kleiman: trabajador de la compañía del padre de Ana.

Sr. Kugler: trabajador de la compañía del padre de Ana.

Miep: trabajadora de la compañía del padre de Ana; amiga de la familia.

Jan: esposo de Miep.

Bep Voskuijl: secretaria en la compañía del padre de Ana.

Sr. Voskuijl: padre de Bep.

Bertus: novio de Bep.

Señor Dussel: dentista. Octavo habitante del Anexo secreto.

Señor Van Hoeven: proveedor de pan.

Moortje: gatito de Ana, que deja en la casa.

Mouschi y Boche: gatos del Anexo y del almacén.

Cronología

1902: inicio de las actividades de la Organización Panamericana de la Salud.

1905: Ramón y Cajal escribe *Textura del sistema nervioso del hombre y los vertebrados.*

1910: inicio de la Revolución Mexicana por Francisco Madero, Pancho Villa y Emiliano Zapata (1910-1917).

1914-1918: Primera Guerra Mundial.

1921: muere el poeta mexicano Ramón López Velarde en Ciudad de México.

1942: el escritor Albert Camus publica la extraordinaria novela *El extranjero.*

1945: finaliza la Segunda Guerra Mundial (1939-1945).

1953: descubrimiento del ADN. Watson y Crick escriben el libro *La doble hélice.*

1969: llegada del hombre a la Luna.

1981: Elena Garro recibe el Premio Grijalbo por su novela *Testimonios de Mariana.*

1986: muere en París la escritora francesa Simone de Beauvoir.

1987: el escritor mexicano Carlos Fuentes recibe el premio "Miguel de Cervantes".

1990: el escritor mexicano Octavio Paz recibe el Premio Nobel de Literatura.

1995: se inicia la construcción de la Estación Espacial Alfa.

1996: en Pasadena se construye un robot que puede realizar cirugías.

1997: clonación de la ovejita *Dolly.*

El diario de
Ana Frank

Domingo, 14 de junio de 1942

Comenzaré desde el momento en que te recibí, cuando te vi sobre la mesa entre los otros regalos (presencié el momento de la compra, pero eso no cuenta).

El viernes 12 de junio me desperté a las seis de la mañana, lo cual no fue sorprendente ya que era mi cumpleaños. Pero no me permitían levantarme a esa hora, de modo que tuve que controlar mi curiosidad hasta las siete menos cuarto. Cuando ya no pude esperar más fui al comedor, donde *Moortje*, el gato, me recibió con gran cariño.

Poco después de las siete fui a saludar a papá y a mamá; luego en la sala abrí los regalos, y lo primero que vi fuiste *tú*, tal vez uno de los regalos más lindos. También un ramo de rosas, algunas peonías y una plantita. Papá y mamá me regalaron una blusa azul, un juego, una botella de jugo de uvas, un rompecabezas, un tarro de crema, un billete de 2.50 **florines** y un vale para comprarme dos libros. También otro libro: *La cámara oscura* (pero como Margot ya lo tiene, lo cambié por otra cosa), galletitas (hechas por mí misma, por supuesto, ya que me he vuelto una experta en hacer galletitas), muchos caramelos y un pastel de fresas he-

cho por mamá. Una carta de la abuela, justo a tiempo; pero, por supuesto esto fue mera coincidencia.

Más tarde pasó a buscarme Hanneli y nos fuimos al colegio. Durante el recreo convidé galletitas a los maestros y alumnos. Llegué a casa a las cinco, ya que había ido a gimnasia con el resto de la clase.

Me regalaron un libro hermoso: *Sagas y leyendas holandesas*. La tía Stephanie, un hermoso prendedor; y la tía Leny, un libro muy divertido: *Las vacaciones de Daisy en las montañas*. Esta mañana, cuando me estaba bañando, pensé en lo lindo que sería tener un perro como *Rin-tin-tín*. Yo también lo llamaría *Rin-tin-tín* y lo llevaría al colegio conmigo; lo dejaría con el portero o, cuando hiciera buen tiempo, en el lugar de las bicicletas.

Sábado, 20 de junio de 1942

Realmente, para alguien como yo, es una experiencia extraordinaria escribir un diario. No sólo porque no he escrito nada sino porque tengo la sensación de que, más adelante, ni yo ni nadie se va a interesar por las reflexiones de una colegiala de trece años. Bueno, en realidad eso no tiene importancia. Tengo ganas de escribir y de desahogarme.

Ahora he llegado al porqué de esta idea de escribir un diario: no tengo ninguna amiga.

Permíteme aclarar esto, ya que nadie creerá que una niña de trece años esté completamente sola en el mundo. De hecho, no lo estoy. Tengo unos padres adorables y una hermana de 16 años, y hay por lo menos treinta personas que podría decir que son mis amigas. Tengo un montón de admiradores que no me quitan la vista de encima y que algunas veces recurren a espejos rotos de bolsillo para mirarme en la clase. Tengo una familia, tías adorables y una linda casa. Aparentemente lo tengo todo, pero me falta una verdadera amiga. Todo lo que se me ocurre cuando estoy con mis amigas es divertirme. Sólo hablamos de cosas cotidianas. Parece que no pudiéramos hablar de temas más profundos y ése es el motivo por el cual he comenzado este diario. Pero no quisiera escribir los hechos como lo hace la mayoría de la gente, sino que el diario fuera esa amiga, y esa amiga se llamará *Kitty*.

Como nadie entendería ni una palabra de lo que contase a Kitty, si así lo hiciera, sería mejor hacer una breve descripción de mi vida, aunque no me guste.

Mi padre, el más bueno de todos los padres que conozco, se casó con mi madre cuando tenía 36 años y ella 25. Mi hermana mayor nació en Francfort del Meno, Alemania, en 1926. Yo nací el 12 de junio de 1929.

Viví en Francfort hasta los cuatro años. Como éramos judíos, emigramos a Holanda en 1933, donde mi padre fue nombrado gerente general de *Opekta*, una compañía holandesa de elaboración de mermeladas. Mi madre, Edith Hollander Frank, vino con él a Holanda en septiembre, mientras Margot y yo fuimos enviadas a Aquisgran, donde vivía mi abuela. Margot vino a Holanda en diciembre y yo en febrero.

Pronto empecé a ir al jardín de infancia del colegio *Montessori* y estuve allí hasta los seis años. En sexto grado, la maestra era la señora Kuperus. Al finalizar el año nos despedimos llorando y fui aceptada en el Liceo judío, al que también asistía Margot.

Nuestras vidas transcurrían con cierta preocupación, ya que el resto de la familia que se había quedado en Alemania sufría las consecuencias del régimen impuesto por Hitler a los judíos. Después de los **pogroms** de 1938, mis dos tíos —los hermanos de mi mamá— huyeron de Alemania y encontraron refugio en Norteamérica. Mi abuela, en ese entonces de 63 años, se vino a vivir con nosotros.

Después de mayo de 1940, los buenos tiempos fueron pocos y espaciados.

Primero fue la guerra, después la capitulación y luego la invasión de los alemanes; entonces comenzaron los problemas para los judíos. Debido a una serie de disposiciones, fuimos privados de muchas de nuestras libertades: "Los judíos deben usar una estrella amarilla; deben entregar sus bicicletas; se les prohíbe viajar en tranvía; no les está permitido viajar en coche, ni siquiera en los suyos; sólo deben hacer sus compras entre las tres y las cinco de la tarde; sólo se les permite ir a peluquerías cuyos dueños sean judíos; no se les permite salir a la calle entre las ocho de la noche y las seis de la mañana; se les prohíbe ir a teatros, cines u otros lugares de esparcimiento público; no les está permitido usar piscinas, canchas de tenis, canchas de *hockey*, ni pistas de atletismo; no les está permitido ir a remar; no les está permitido participar en ninguna competencia de atletismo en público; no les está permitido sentarse en sus jardines, o en los de sus amigos, después de las ocho de la noche; no les está permitido ir de visita a la casa de cristianos; sólo deben asistir a colegios judíos", etcétera. Uno no podía hacer esto o aquello, pero la vida seguía su curso. Jacques siempre me decía: "Ya no me atrevo a hacer nada por miedo a que esté prohibido".

En el verano de 1941 mi abuela se enfermó y tuvieron que operarla. Casi no festejamos mi cumpleaños. En el verano de 1940 tampoco hicimos un gran festejo para mi

cumpleaños, pues hacía poco que la guerra había terminado en Holanda. Mi abuela murió en enero de 1942. Nadie sabe cuán seguido me acuerdo de ella y cuánto la quiero aún. Este festejo de mi cumpleaños de 1942 trató de compensar todos los otros, y también tuvimos encendida la vela de la abuela.

Nosotros cuatro todavía estamos bien y así hemos llegado al día de hoy, 20 de junio de 1942, fecha en que formalmente empiezo mi diario.

Sábado, 20 de junio de 1942

¡Queridísima Kitty!

Déjame comenzar ahora mismo. Es un buen momento y está todo tranquilo. Papá y mamá han salido y Margot ha ido a jugar *ping-pong* a casa de su amiga Trees. Últimamente yo también he jugado *ping-pong* y con cinco amigas hemos formado un club, "La osa Menor menos dos". Como nos gusta el helado, a veces nos vamos a las heladerías más cercanas permitidas a los judíos. La mayoría de las veces encontramos algún admirador que nos ofrece más helado del que podemos comer en una semana.

Probablemente te sorprenda que a mi edad te hable de admiradores. En nuestro colegio parece ser un mal inevitable. Y nueve de cada diez se enamoran de mí.

Tuya, Ana

Domingo, 21 de junio de 1942

Queridísima Kitty:

Toda la clase tiembla, por supuesto, debido a la reunión de profesores que se aproxima, en la que se decidirá quiénes pasarán al próximo año y quiénes no.

No estoy muy preocupada. La única materia que me preocupa es matemáticas. Mr. Keesing, el viejo que enseña matemáticas, estuvo un tiempo muy enojado conmigo, pues hablaba demasiado. Después de varias advertencias, me mandó hacer una redacción con el tema "La parlanchina". Aunque le gustó mi redacción, en la clase siguiente, en cuanto comencé a hablar, me mandó a escribir "Una parlanchina incorregible". En la tercera clase ya había colmado su paciencia y me mandó escribir una redacción cuyo título sería "Cuá, cuá, cuá, decía la señora pata".

Todos nos reímos. Mi amiga Sanne, que escribe muy buenas poesías, se ofreció a ayudarme a escribir la redacción en verso. Salté de alegría.

¡Terminé el poema y quedó hermoso! Se trataba de una mamá pata y un papá cisne que tenían tres patitos. El padre les había mordido hasta matarlos porque hablaban demasiado. Afortunadamente, Kessing tomó a bien la broma. Leyó el poema en clase y agregó sus propios comentarios. También lo leyó en otras clases. Desde ese momento, me dejó que hablara en clase y no me dio más tarea adicional. Al contrario, desde ese día Kessing siempre hace bromas.

Tuya, Ana

Jueves, 24 de junio de 1942

Queridísima Kitty:

Hace un calor insoportable y hay que ir caminando a todos lados. Ahora me doy cuenta de lo confortable que es un tranvía, pero los judíos no gozamos de ese lujo. El único transporte que nos está permitido es el transbordador.

Ojalá no tuviera que ir al colegio. En las vacaciones de Semana Santa me robaron la bicicleta, y la de mamá, papá se la dio a unos amigos cristianos para que la cuiden. Por suerte ya llegan las vacaciones; una semana más y se termina el tormento.

Ana

Domingo, 5 de julio de 1942

Querida Kitty:

El acto de fin de curso del viernes en el Teatro Judío resultó como esperábamos. Mis calificaciones no eran demasiado malas. Saqué un insuficiente, un cinco en álgebra, en todas las demás seis, salvo en dos que saqué ocho y en las otras siete. Mis padres están contentos: no le dan tanta importancia a las notas como otros padres. Mientras yo tenga buena salud, esté feliz y no hable demasiado, ellos están contentos. Si estas tres cosas están bien, las demás vendrán solas.

Yo soy todo lo contrario. No me gusta ser mala alumna. Me aceptaron en el Liceo judío en forma condicional. Se supone que yo debería estar en séptimo grado en el colegio *Montessori*, pero cuando a los chicos judíos nos obligaron a ir a colegios judíos, el señor Elte finalmente nos aceptó a Lies y a mí.

A mi hermana Margot le han dado unas calificaciones brillantes. ¡Es tan inteligente!

Últimamente papá está mucho en casa. No tiene nada de trabajo en la oficina. El señor Kleiman se ha hecho cargo de *Opekta*, y el señor Kugler, de *Gies & Co.*

Hace unos días, cuando paseábamos alrededor de la plaza, papá comenzó a hablar de un escondite. Decía que nos iba a resultar muy difícil vivir aislados del resto del mundo. Le pregunté por qué me estaba hablando de eso ahora.

—Mira, Ana —me respondió—. Ya sabes que desde hace más de un año estamos llevando ropa, alimentos y muebles a casa de otras personas. No queremos que nuestras cosas caigan en manos de los alemanes. Y menos aún queremos caer nosotros mismos. Por eso nos iremos por propia iniciativa antes de que vengan a buscarnos.

—¿Pero cuándo será eso, papá?

Se le veía tan serio que me dio miedo.

—Por el momento no te preocupes. Nosotros nos ocuparemos de todo. Sólo disfruta de tu vida sin preocupaciones mientras puedas.

Eso fue todo. ¡Ojalá que estas sombrías palabras no se conviertan pronto en realidad!

Tuya, Ana

Miércoles, 8 de julio de 1942

Queridísima Kitty:

Parece que hubieran pasado años desde el domingo por la mañana. ¡Tantas cosas han sucedido que parece como si el mundo se hubiera dado vuelta de repente!

A las tres de la tarde sonó el timbre. Al rato, Margot apareció bastante agitada.

—Papá ha recibido una citación de las **SS** —murmuró—. Mamá ha ido a ver al señor Van Daan. (El señor Van Daan es el socio de papá y además es un buen amigo).

Yo estaba aterrada. ¡Una citación! Todos sabemos lo que eso significa. Visiones de campos de concentración, celdas solitarias; todo eso me pasaba por la mente.

—Mamá ha ido con el señor Van Daan para preguntarle si nos podemos mudar a nuestro escondite mañana. Los Van Daan se esconderán con nosotros. Seremos siete.

Una vez en nuestra habitación, Margot me confesó que la citación no era para papá sino para ella. Después de este segundo *shock* empecé a llorar. Margot tiene 16 años. Aparentemente quieren llevarse a chicas de su edad. Pero, gracias a Dios, como ha dicho mamá, ella no irá.

Margot y yo comenzamos a empacar en nuestro bolso del colegio. Lo primero que guardé fue este diario, después los ruleros, los pañuelos, los libros del colegio, un peine y algunas cartas viejas.

Por fin, papá llegó a las cinco. Llamamos por teléfono al señor Kleiman. El señor Van Daan fue a buscar a Miep y ella vino y prometió volver por la noche. Se llevó una bolsa llena de zapatos, vestidos, abrigos, ropa in-

terior y medias. Después de esto, un gran silencio se apoderó de la casa. Ninguno de nosotros tenía ganas de comer. Todavía hacía calor y el ambiente era muy extraño.

La habitación grande de arriba se la habíamos rentado al señor Goldschmidt, un hombre divorciado de treinta y pico, que aparentemente no tenía nada que hacer esa noche, pues hasta las diez no se despegó de nosotros.

Miep y Jan Giess llegaron a las once. Ella trabajaba en la compañía de papá desde 1933 y se había hecho gran amiga de la familia, al igual que su esposo Jan. Una vez más, zapatos, medias, libros y ropa interior desaparecieron en el bolso de Miep y en los grandes bolsillos de Jan. A las once y media también desaparecieron ellos.

Estaba muerta de cansancio y, aunque sabía que era la última noche que dormiría en mi cama, me quedé dormida enseguida y no me desperté hasta que mamá me llamó a las cinco y media de la mañana. Estuvo lloviendo durante todo el día. Nosotros teníamos tanta ropa encima que era como si fuéramos a pasar la noche a un refrigerador, pero era para podernos llevar más ropa. Al único ser viviente que le pude decir adiós fue a *Moortje*, mi gato, que, de acuerdo con una nota que le dejamos al señor Goldschmidt, se quedaría en casa de unos vecinos.

Las camas deshechas, los restos del desayuno sobre la mesa, la carne del gato en la cocina, todo daba la impresión de que nos habíamos ido precipitadamente. Pero nos era indiferente. Sólo queríamos irnos y llegar seguros a nuestro destino. No nos importaba nada más.

Tuya, Ana

Jueves, 9 de julio de 1942

Queridísima Kitty:

Así estábamos papá, mamá, Margot y yo, caminando bajo la fuerte lluvia, cada uno con un bolso del colegio y una bolsa cargada con un montón de cosas. La gente, que a esa hora iba a trabajar, nos miraba con compasión; se notaba en sus rostros que lamentaban no poder ofrecernos algún medio de transporte. La llamativa estrella amarilla hablaba por sí misma.

El escondite estaba situado donde papá tenía las oficinas. Papá no tiene mucha gente trabajando ahí. Sólo el señor Kugler, el señor Kleiman, Miep y una secretaria de 23 años llamada Bep Voskuijl. Todos estaban al tanto de nuestra llegada. El señor Voskuijl, padre de Bep, que trabaja en el depósito, y los dos ayudantes no sabían de nuestra llegada.

Describiré el edificio: en la planta baja hay un gran almacén. Al lado, una oficina y una puerta que comunica a la escalera. Subiendo las escaleras se llega a una puerta de vidrio traslúcido, en la cual se ve en letras negras "OFICINA". Ésta es la oficina principal, amplia, muy luminosa y llena de cosas. Durante el día, Bep, Miep y el señor Kleiman trabajan allí. Pasando por un cuartito donde está la caja fuerte, un guardarropa y un armario, se llega a una pequeña y oscura oficina. Ésta la compartían el señor Kugler y el señor Van Daan, pero ahora sólo trabaja el señor Kugler. Tiene acceso por una puerta de vidrio al final del pasadizo, que sólo se abre desde el interior. Saliendo de esta oficina se va por un pasillo largo y angosto, se pasa la carbonera y después, al subir cuatro escalones, se llega al despacho principal: elegante, muebles de caoba, piso cubierto de linóleo y alfombras, una radio, una hermosa lámpara. Al lado hay una gran cocina con agua caliente y un baño. Ése es el primer piso.

Una escalera de madera conduce al segundo piso. Al final de la escalera hay un descanso con puertas a ambos lados. La puerta de la izquierda comunica con la casa de adelante, donde hay almacenes, un desván y una buhardilla.

La puerta de la derecha lleva a nuestro "Anexo secreto", que está en el fondo de la casa. Nunca nadie sospecharía que hay tantas habitaciones detrás de esa puerta pintada de gris. Se entra por un pequeño escalón. A la izquierda hay un pasillo angosto que sería la sala de estar y dormitorio de los Frank. Al lado, una habitación más pequeña, el dormitorio y sala de estudios de las dos jovencitas de la familia. A la derecha de la escalera, un cuarto sin ventana con un lavabo. Por otra puerta se pasa a un pequeño lugar donde se ha instalado un sanitario. Si subes la escalera, te sorprenderás al ver una habitación tan grande y luminosa en una casa como ésta. Tiene un hornillo y un fregadero. Ésta será la cocina y la habitación del señor y la señora Van Daan. Hay un desván como el piso de abajo. ¡Eso es todo! Ahora conoces nuestro hermoso Anexo.

Tuya, Ana

Viernes, 10 de julio de 1942

Queridísima Kitty:

Probablemente te haya aburrido con la extensa descripción de nuestra casa, pero pienso que tenías que saber dónde he terminado. Cómo nos hemos arreglado aquí, te enterarás en las próximas cartas.

Estuvimos todo el día vaciando cajas, acomodando armarios, martillando y ordenando todo el lío hasta que, por la noche, caímos exhaustos en camas limpias.

El martes por la mañana retomamos el trabajo. Bep y Miep habían ido a buscar nuestras raciones; papá arregló los paneles para oscurecer las ventanas, limpiamos y estuvimos ocupados todo el día. Hasta el miércoles casi no tuve tiempo de ponerme a pensar en los grandes cambios que se habían producido en mi vida.

Tuya, Ana

Sábado, 11 de julio de 1942

Queridísima Kitty:

Ni papá ni mamá ni Margot logran acostumbrarse a las campanadas del reloj de la iglesia Westertoren, que suenan cada quince minutos. Yo sí: me gustaron desde el principio. Su sonido me resulta muy tranquilizador, especialmente durante la noche. Sin duda querrás saber qué se siente vivir escondida. Bueno, todo lo que puedo decir es que todavía ni yo misma lo sé. No creo que alguna vez me sienta en este lugar como en casa. Pero esto no significa que no me guste. Es como estar de vacaciones en alguna pensión extraña. Como escondite, el Anexo es un lugar ideal.

Hasta ahora, nuestra habitación tenía un aspecto bastante triste. Pero gracias a papá, que había traído antes mis postales y mi colección de artistas de cine, con la ayuda de cola y pinceles pude llenar las paredes. Se ve mucho más alegre.

Anoche bajamos todos a la oficina privada y escuchamos la radio inglesa. Cualquier cosa que hagamos nos da miedo por si los vecinos pueden escucharnos.

Espero ansiosa la llegada de los Van Daan, que está fijada para el martes. Será mucho más divertido y habrá menos silencio.

Realmente no se está tan mal aquí dentro, ya que uno puede cocinar y escuchar la radio en la oficina de papá. Por supuesto, nunca podemos asomarnos o salir a la calle, y tenemos que permanecer en silencio de modo que nadie nos escuche.

Tuya, Ana

Viernes, 14 de agosto de 1942

Querida Kitty:

Te he abandonado por un mes entero, pero es tan poco lo que ha sucedido que no encuentro nada valioso para contarte. Los Van Daan llegaron el 13 de julio. Pensamos que llegarían el 14, pero entre el 13 y el 16 de julio los alemanes empezaron a mandar citaciones a diestra y siniestra, y causaron gran intranquilidad entre la gente. Los Van Daan decidieron que sería más seguro adelantar un día la partida.

Peter Van Daan llegó a las nueve y media de la mañana, cuando todavía estábamos desayunando. Peter está por cumplir 16 años. Es un muchacho tímido, desgarbado y de cuya compañía no se puede esperar demasiado. El señor y la señora Van Daan llegaron media hora más tarde. Para nuestro regocijo, la señora Van Daan sacó de su caja sombrerera un gran orinal.

Desde el primer día comimos todos juntos, y al cabo de tres días parecíamos una gran familia.

El señor Van Daan nos contó lo siguiente:

"El lunes por la mañana, a las nueve, el señor Goldschmidt llamó por teléfono y me preguntó si podía pasar por su casa. Fui enseguida y le encontré muy alterado. Me mostró una nota que habían dejado los Frank. Como decían las instrucciones, él iba a llevar el gato a casa de los vecinos, lo que me pareció muy buena idea. Fuimos a todas las habitaciones. De pronto, vi en el escritorio de la señora Frank un anotador que tenía la dirección de Maastricht. Aun sabiendo que la señora Frank lo había dejado intencionalmente, fingí estar sorprendido y le pedí al señor Goldschmidt que quemara ese papel. Señor Goldschmidt —le dije—, hace unos seis meses un oficial de alto rango vino a la oficina. Parece que él y el señor Frank crecieron juntos. Creo que residía en Maastrich. A mí me parece que este oficial ha mantenido su palabra y está intentando ayudarles a cruzar hacia Bélgica y luego a Suiza. No hay inconveniente en explicar esto si algún amigo de los Frank viene a preguntar por ellos. Aunque no es necesario nombrar Maastricht. Ésta es la historia que he contado a la mayoría de sus amigos, pues yo mismo escuché a otra gente hablar de esto".

La historia nos causó mucha gracia, pero nos hemos reído aún más de la imaginación de la gente cuando el señor Van Daan nos contaba lo que algunos decían. Por ejemplo, que nos habían visto a los cuatro por la mañana en bicicleta; y otra mujer aseguró que nos había visto cuando, en plena noche, nos llevaban en un auto militar.

Tuya, Ana

Viernes, 21 de agosto de 1942

Querida Kitty:

Ahora nuestro Anexo secreto es verdaderamente secreto. Ya que muchas casas están siendo registradas, el señor Kugler pensó que sería mejor colocar un armario tapando la entrada de nuestro escondite. Uno que se abre como una puerta. El señor Voskuijl lo armó. Ahora, cuando queremos ir al piso de abajo, primero tenemos que agacharnos, y luego, saltar. Al cabo de tres días, todos teníamos golpes en la frente. Peter colocó una toalla sobre el marco de la puerta. ¡Espero que esto sirva!

Tuya, Ana

Miércoles, 2 de septiembre de 1942

Querida Kitty:

El señor y la señora Van Daan han discutido muy fuerte. Nunca he visto nada igual, ya que papá y mamá jamás se han gritado así.

Claro que es muy desagradable para Peter, que tiene que estar en medio. De todas formas, nadie toma a Peter en serio ya que es quisquilloso y vago. Tiene dolores en el corazón, los riñones y los pulmones. ¡Es un verdadero **hipocondriaco**! (Ésta es la palabra correcta, ¿no?).

Mamá y la señora Van Daan no se llevan demasiado bien.

Tuya, Ana

Lunes, 21 de septiembre de 1942

Queridísima Kitty:

Hoy sólo te contaré las noticias generales del Anexo. La señora Van Daan es insoportable. El señor Kleiman, cada quince días, me trae libros escritos para niñas de mi edad.

Con papá estamos haciendo nuestro árbol **genealógico**.

Ya he comenzado a estudiar. Estudio mucho francés y cada día aprendo cinco verbos irregulares. Pero me he olvidado mucho de lo que he aprendido en el colegio.

A veces escucho las noticias de Holanda desde Londres.

Tuya, Ana

Domingo, 27 de septiembre de 1942

Queridísima Kitty:

Hoy, mamá y yo hemos tenido lo que se dice una "discusión", pero lo que más me molesta es que enseguida me pongo a llorar. No lo puedo evitar. Papá es siempre bueno conmigo, y mucho más comprensivo.

Tampoco me llevo muy bien con Margot. Aunque en nuestra familia no tenemos discusiones tan fuertes como las que tienen arriba.

Por enésima vez, la señora Van Daan está de mal humor.

Más de una vez, el ambiente se pone muy pesado debido a las advertencias de los Van Daan y a mis insolentes respuestas. Papá y mamá me defienden furiosamente.

Tuya, Ana

Lunes, 28 de septiembre de 1942

Queridísima Kitty:

Ayer tuve que dejar de escribir, aunque me faltaba bastante para terminar. Me muero por contarte otros de nuestros encontronazos, pero me gustaría decirte esto: me parece un tanto extraño que la gente adulta discuta con tanta facilidad, tan a menudo y por nimiedades. Hasta ahora he pensado que pelearse es cosa de niños y que desaparecía con los años. Claro que a veces hay una razón verdaderamente seria para pelear. De todos modos he aprendido una cosa: uno verdaderamente conoce a una persona después de una discusión. Ahí se puede conocer su carácter.

Tuya, Ana

Martes, 29 de septiembre de 1942

Queridísima Kitty:

¡Las cosas más extrañas suceden cuando uno está escondido! Trata de imaginarte esto: como no tenemos bañera, nos lavamos en una tina; como sólo hay agua caliente en la oficina (quiero decir, en el piso de abajo), los siete nos turnamos. Pero como todos somos diferentes y algunos más pudorosos que otros, cada miembro de la familia ha seleccionado un lugar diferente para bañarse.

Peter me dio la idea de poner mi tina en el amplio baño de la oficina. Allí puedo sentarme, encender la luz, cerrar la puerta con llave, vaciar la tina sin ayuda de nadie, y todo esto sin temor a ser vista. El domingo usé por primera vez mi hermoso baño y, aunque parezca extraño, es el lugar que más me gusta.

El miércoles estuvo el plomero trabajando abajo. Cambió las cañerías para que no se congelen en caso de que el invierno sea muy frío. La visita del plomero no fue nada agradable. No pudimos usar el agua en todo el día, así como tampoco el sanitario.

Tuya, Ana

Jueves, 1 de octubre de 1942

Querida Kitty:

Ayer tuve un miedo terrible. Repentinamente, a las ocho, alguien tocó el timbre. Todo lo que se me ocurrió fue que nos venían a llevar, sabes a lo que me refiero. Pero me tranquilicé cuando me dijeron que debían ser niños traviesos o bien el cartero.

Los días aquí son más silenciosos. El señor Levinsohn, un menudo farmacéutico y químico judío, trabaja para el señor Kugler en la cocina. Como conoce bien todo el edificio, tenemos miedo de que se le ocurra venir a ver lo que solía ser el antiguo laboratorio. Permanecemos en silencio como pequeños ratoncitos. ¿Quién iba a decir hace tres meses que Ana —la inquieta— se sentaría en silencio durante horas y horas, sin moverse?

El 29 fue el cumpleaños de la señora Van Daan. Aunque no hubo grandes festejos, se le agasajó con flores, regalitos sencillos y buena comida.

Déjame detenerme un momento en la ira que me produce que la señora Van Daan coquetee con papá. Afortunadamente, él no responde a sus coqueteos.

A veces Peter es muy divertido. Él y yo tenemos algo en común. Nos gusta disfrazarnos y los hacemos reír. Una noche, él apareció con un vestido muy estrecho de su mamá, y yo con su traje. Peter llevaba un sombrero y yo una gorra. Los mayores se morían de risa y nosotros nos divertíamos un montón.

Hay otra cosa que quiero contarte. Bep ha conseguido unas lecciones de taquigrafía por correspondencia para Margot, para Peter y para mí. Sólo espera y verás que para el año que viene seremos perfectos taquígrafos. De cualquier manera, aprender a escribir una especie de código secreto me parece realmente interesante.

Tuya, Ana

Viernes, 9 de octubre de 1942

Queridísima Kitty:

Hoy sólo tengo noticias desagradables y tristes. A muchos de nuestros amigos y conocidos judíos se los están llevando en grupo. La **Gestapo** los está tratando muy mal y los están transportando en vagones de ganado a Westerbork, el gran campo de concentración para judíos en Drenthe. Miep nos contó de alguien que pudo escapar de allí. Debe ser un lugar horroroso. A la gente casi no le dan de comer y menos de beber. Sólo hay agua una hora por día, hay un único sanitario y un lavabo para miles y miles de personas. Los hombres y mujeres duermen en un mismo lugar, y a ellas y a los niños les rapan la cabeza. Escaparse es prácticamente imposible.

Me siento muy mal. Las historias de horror que cuenta Miep son sobrecogedoras.

Bep también está muy deprimida. A su novio lo mandan a Alemania. Cada vez que los aviones sobrevuelan nuestras casas, ella tiene miedo de que suelten sus cargas explosivas en la cabeza de Bertus.

Tuya, Ana

Jueves, 29 de octubre de 1942

Mi queridísima Kitty:

Estoy muy preocupada. Papá está enfermo. Tiene erup-
ciones y mucha fiebre. Parece sarampión. ¡Y ni siquiera
podemos llamar a un médico! Mamá lo está haciendo
sudar para bajarle la fiebre.

Tuya, Ana

Lunes, 9 de noviembre de 1942

Queridísima Kitty:

Ayer fue el cumpleaños de Peter, cumplió 16 años. Subí
a las ocho y Peter y yo miramos los regalos. Recibió un
juego de salón, una afeitadora y un encendedor. No es
que fume mucho, al contrario, es sólo que se ve tan
distinguido.

La mayor sorpresa nos la dio el señor Van Daan
cuando nos informó que los ingleses habían desem-
barcado en Túnez, Argelia, Casablanca y Orán.

Pero volvamos al asunto de nuestro Anexo. Debería
hablarte sobre nuestro aprovisionamiento. Un panade-
ro muy amable, amigo del señor Kleiman, nos manda
el pan todos los días. También compramos tarjetas de
racionamiento.

Casi olvido decirte que papá está completamente
restablecido.

P.D.: Acabamos de escuchar por la radio que Argel ha
caído. Marruecos, Casablanca y Orán están, desde hace
algunos días, en manos de los ingleses. Ahora esperamos que caiga Túnez.

Tuya, Ana

Martes, 10 de noviembre de 1942

Querida Kitty:

¡Buenas noticias! ¡Vamos a ser ocho personas en nuestro escondite!

Sí, de verdad. Siempre consideramos que había suficiente espacio y comida para una persona más, pero no queríamos abusar del señor Kugler y del señor Kleiman. Como nos llegan noticias cada vez más atroces respecto de lo que está pasando con los judíos, papá decidió consultarles y a ellos les pareció un excelente plan.

Elegimos a un dentista llamado Albert Dussel. Parece ser una persona tranquila y educada. Miep también lo conoce, así que hará los arreglos necesarios. Si viene, el señor Dussel tendrá que dormir en mi habitación y Margot dormirá en el catre.

Tuya, Ana

Martes, 17 de noviembre de 1942

Queridísima Kitty:

El señor Dussel ha llegado. Todo salió bien. Miep le dijo que estuviera frente al correo a las once de la mañana y que un señor lo pasaría a buscar. Él estuvo en el lugar acordado. El señor Kleiman se le acercó y le informó que pasara por la oficina. El señor Kleiman tomó el tranvía hacia la oficina, mientras el señor Dussel lo seguía a pie.

Eran las once y veinte cuando el señor Dussel golpeó la puerta de la oficina. Miep le pidió que se quitara el saco para que no se viera la estrella amarilla y lo llevó a la oficina privada, donde el señor Kleiman lo mantuvo ocupado hasta que se fue la señora de la limpieza. Con el pretexto de que alguien necesitaba la oficina privada, Miep llevó al señor Dussel arriba, abrió el armario giratorio y entraron, mientras el señor Dussel miraba estupefacto.

Al mismo tiempo, nosotros siete nos habíamos sentado en la mesa a esperar la última incorporación a nuestra familia, con café y coñac. Miep lo acompañó primero hasta la habitación de la familia Frank. Inmediatamente reconoció nuestros muebles, pero no tenía ni idea de que nosotros estábamos arriba. Cuando Miep se lo dijo, casi se desmaya. Luego, Miep lo llevó hacia arriba.

El señor Dussel se dejó caer en una silla y se nos quedó mirando sin decir palabra. Luego tartamudeó:

—¿Pero ustedes no están en Bélgica? ¿El oficial, el auto, no vinieron? ¿No pudieron escapar?

Le explicamos absolutamente todo, de cómo habíamos difundido esa historia para despistar a la gente y a los alemanes. El señor Dussel se quedó sin habla ante tanto ingenio. Almorzamos todos juntos. Se recostó un rato, tomó el té con nosotros, ordenó unas cosas que Miep había traído anteriormente y comenzó a sentirse más a gusto.

Tuya, Ana

Jueves, 19 de noviembre de 1942

Queridísima Kitty:

Tal como lo habíamos imaginado, el señor Dussel es sumamente amable. El primer día me preguntó a qué hora venía la señora de la limpieza a la oficina, a qué horas se usaba el cuarto de baño, cuándo se podía ir al sanitario. Uno se podría reír, pero todas estas cosas no son fáciles cuando uno está en un escondite. Durante el día no podemos hacer ningún ruido para que no nos oigan desde abajo.

El señor Dussel nos ha contado mucho de lo que está pasando allá fuera. Son muy tristes las noticias. Una innumerable cantidad de amigos y conocidos son llevados a horribles destinos. Noche tras noche, vehículos militares recorren las calles. Llaman a todas las puertas preguntando si allí viven judíos. Si es así, se llevan a la familia entera, y si no, siguen hasta la próxima casa. Es imposible escapar de sus garras a menos que uno se haya escondido. Generalmente llevan listas y sólo van a las casas donde suponen que pueden encontrar un buen botín. A veces ofrecen una recompensa por cabeza. Es como la caza de esclavos en los viejos tiempos. Por las noches veo a menudo a esa pobre gente inocente con sus hijos, llorando, caminando y cumpliendo órdenes de esos individuos que los golpean y maltratan

hasta casi hacerlos caer. No tienen compasión por nadie: enfermos, ancianos, niños, bebés, mujeres embara-
zadas, todos marchan hacia su muerte.

¡Somos tan afortunados de estar aquí, lejos del horror!

Me da mucho miedo pensar en mis amigas, que
ahora estarán a merced de los verdugos más crueles
que jamás hubo sobre la Tierra.

Tuya, Ana

Sábado, 28 de noviembre de 1942

Queridísima Kitty:

Hemos usado demasiada electricidad. El resultado: eco-
nomía excesiva y que nos corten la luz, quizá, por quince
días. Está demasiado oscuro para leer después de las
cuatro y media y, para matar el tiempo, nos dedicamos
a todo tipo de actividades: adivinanzas, gimnasia a oscuras, hablamos en francés e inglés, criticamos libros;
pero después de un tiempo, todo se vuelve aburrido.

El señor Dussel resultó ser un educador sumamente
anticuado y predicador de interminables sermones sobre modales y buenas costumbres.

Tuya, Ana

Lunes, 7 de diciembre de 1942

Queridísima Kitty:

Este año, **Hanuka** y San Nicolás casi coinciden; sólo hay un día de diferencia. Nuestra celebración para Hanuka se limitó a intercambiar unos pequeños regalitos y encendemos las velas sólo por diez minutos, pues escasean, pero mientras no olvidemos el cántico, es suficiente. El señor Van Daan hizo un candelabro de madera.

El sábado, día de San Nicolás, fue mucho más divertido.

A las ocho de la noche, todos bajamos por la escalera, a través del largo y oscuro corredor que lleva al cuartito del medio. Como éste no tenía ventanas, pudimos encender la luz, tras lo cual papá abrió la puerta del armario grande.

—¡Oh, qué bonito! —dijimos todos.

En el rincón había una enorme cesta adornada con un papel muy colorido.

Rápidamente nos llevamos la cesta al Anexo. Dentro había un pequeño regalito para cada uno, acompañado de un poema.

Como ninguno de nosotros había celebrado nunca este día, fue una buena forma de empezar.

Tuya, Ana

Jueves, 10 de diciembre de 1942

Queridísima Kitty:

El señor Van Daan ha trabajado en el ramo de embutidos, carnes y especias. Habíamos encargado mucha carne. Él quería hacer salchichas, longaniza y salchichón.

La cocina era un revoltijo. El señor Van Daan, con el delantal de su mujer, preparando la carne. Con sus manos llenas de sangre, su rostro colorado y las manchas en el delantal, parecía un verdadero cocinero. Nadie hacía su trabajo, pues todos estábamos ocupados mirándole.

El señor Dussel ha abierto su consultorio. Sólo para que te diviertas te describiré la sesión con su primer paciente.

Mamá planchaba y la señora Van Daan, la primera víctima, se sentó en una silla. Dussel sacó las cosas del estuche con aire de importancia, pidió un poco de colonia para usar como desinfectante, y vaselina para usar como cera. Le miró la boca a la señora y le tocó dos dientes, lo que la hizo estremecer de dolor. Tras una larga revisión (así dice ella, aunque no duró más de dos minutos), Dussel comenzó a escarbar una caries. Pero ella no se lo iba a permitir. Empezó a agitar los brazos y las piernas hasta que Dussel soltó el escarbador y... quedó clavado en el diente de la señora Van Daan. ¡Y ahí empezó todo! La señora tiraba golpes en todas direcciones, gritaba y trató de sacarse el instrumento, pero sólo logró empujarlo más adentro. El señor Dussel, con mucha tranquilidad, observaba la escena con las manos en la cintura, mientras nosotros nos moríamos de risa. Claro que no estaba bien. Si me hubiera pasado a mí, yo seguramente habría gritado más fuerte. Después de mucho dar vueltas, patear, chillar y gritar, la señora logró quitarse el escarbador y el señor Dussel siguió con su trabajo como si nada hubiera pasado. Lo hizo tan rápido que la señora no tuvo tiempo de volver a quejarse. Y es que Dussel contaba con más ayuda de la que hubiera tenido jamás: el señor Van Daan y yo éramos sus asistentes. Parecía una escena tomada de la Edad Media, titulada "Curandero trabajando". Pero de una cosa estoy segura: ¡pasará bastante tiempo antes de que la señora Van Daan pida otro turno al dentista!

Tuya, Ana

Domingo, 13 de diciembre de 1942

Queridísima Kitty:

Estoy cómodamente sentada en la oficina principal, mirando por la ventana a través de una mínima abertura de las cortinas. Está casi oscuro, pero aún hay suficiente luz como para escribirte.

Es curioso ver pasar a la gente. Todos parecen ir tan apurados que tropiezan con sus propios pies. La gente no tiene buen aspecto. Los niños están sucios.

También se pueden ver coches, barcos y la lluvia. Oigo pasar el tranvía y a los niños, y me divierto.

Justo enfrente de aquí hay un barco vivienda, en el cual vive un capitán con su mujer y sus hijos. Tienen un perrito que ladra y nosotros le conocemos justamente por sus ladridos y su cola, que es lo único que vemos cuando corre por la cubierta. ¡Qué lástima! Ahora ha empezado a llover y la gente se oculta bajo los paraguas.

Tuya, Ana

Miércoles, 13 de enero de 1943

Queridísima Kitty:

Afuera están sucediendo cosas terribles. Día y noche se están llevando a esa pobre gente que sólo puede llevar un bolso y algo de dinero, pero de todos modos les roban sus pertenencias en el camino. A las familias las separan. Hombres, mujeres y niños van a parar a sitios diferentes. Cuando los niños vuelven del colegio, se encuentran con que sus padres han desaparecido. Los cristianos en Holanda también viven con temor, pues a sus hijos los envían a Alemania. Todo el mundo tiene miedo. Todas las noches, cientos de aviones sobrevuelan Holanda en dirección a Alemania, donde arrojan las bombas. A cada hora, cientos o tal vez miles de personas mueren en Rusia y África.

Los niños del vecindario andan por la calle mal vestidos. Tienen el estómago vacío. Caminan desde sus frías casas a través de las frías calles hacia un aula aún más fría. Muchos paran a los transeúntes para pedirles un poco de pan.

Podría pasarme horas hablándote de la miseria que ha traído la guerra, pero sólo me pondría más triste. Todo lo que podemos hacer es esperar; el mundo entero está esperando, mucha gente incluso la muerte.

Tuya, Ana

Viernes, 5 de febrero de 1943

Queridísima Kitty:

Aunque hace mucho que no te escribo nada sobre nuestras peleas, no hubo grandes cambios. El señor Dussel antes se tomaba nuestras peleas —rápidamente olvidadas— muy seriamente, pero ahora se ha acostumbrado y ya no intenta hacer de mediador.

Durante la comida el ambiente es bastante tenso. Menos mal que a veces viene gente de la oficina a tomar un plato de sopa y con eso se evita llegar a un estallido.

Tuya, Ana

Miércoles, 10 de marzo de 1943

Queridísima Kitty:

Anoche hubo un cortocircuito y además los bombardeos duraron hasta el amanecer. Todavía no me logro sobreponer al miedo que me producen los aviones y los disparos.

Le pedí a papá que encendiera la vela, pero se mostró inflexible y dijo que debíamos permanecer a oscuras. De repente, empezaron a estallar las ametralladoras, lo cual fue diez veces peor que los cañones. Mamá saltó de la cama y encendió una vela a pesar del gran enojo de *Pim*. Cuando él protestó, mamá le respondió firmemente:

—¡Después de todo, Ana no es una excombatiente!

Unas noches más tarde, ruidos fantasmales despertaron a toda la familia Van Daan. Peter subió al desván con una linterna y ¡*trrrr*! ¿Qué crees que vio? ¡Un ejército de ratas enormes!

Dejamos que nuestro gato *Mouschi* durmiera en el desván y nunca más volvimos a ver a las inoportunas visitas... por lo menos de noche.

Tuya, Ana

Viernes, 12 de marzo de 1943

Queridísima Kitty:

¡Permíteme presentarte a mamá Frank, la defensora de niños! Más mantequilla para los jóvenes. Los problemas de la juventud moderna. Basta que uno lo mencione y ella sale en defensa de los jóvenes y, tras una serie de disputas, casi siempre se sale con la suya.

Una lata de lenguado en conserva se ha echado a perder. Un banquete para *Mouschi* y *Boche*.

Tú no conoces a *Boche*. Es el gato del almacén y siempre nos hace reír cuando vamos al piso de abajo.

Hemos comido tantas habas y ejotes que ya no soporto verlos. De sólo pensar en ellos, me enfermo.

Nuestra porción de pan por las noches ha sido suspendida.

Papá acaba de decir que no está de muy buen humor. ¡De nuevo sus ojos se ven tristes! ¡Pobrecito!

Ya no me entra ningún zapato, salvo las botas de esquiar, que no son muy prácticas para usar en casa. Sólo pude usar una semana mi par de sandalias de paja de 6.50 florines; después ya no me sirvieron. Quizá Miep consiga algo en el mercado negro.

Tuya, Ana

Jueves, 18 de marzo de 1943

Mi queridísima Kitty:

Turquía ha entrado en guerra. Gran agitación. Esperamos las noticias de la radio.

Viernes, 19 de marzo de 1943

Queridísima Kitty:

En menos de una hora, de la alegría pasamos a la decepción. Turquía no ha entrado en guerra aún. El ministro sólo dijo que Turquía pronto abandonaría su neutralidad. Un vendedor de periódicos de la plaza Dan gritaba: "¡Turquía al lado de Inglaterra!", y le quitaban los periódicos de las manos. Así fue como escuchamos ese rumor.

Los billetes de mil florines serán declarados sin valor. Esto será un golpe bajo para la gente del mercado negro y otros como ellos, pero peor será para la gente que está escondida o los que ocultan su dinero. Para cambiar un billete de mil florines tendrán que explicar y demostrar cómo lo obtuvieron.

Tuya, Ana

Sábado, 27 de marzo de 1943

Queridísima Kitty:

Hemos terminado el curso de taquigrafía y ahora queremos mejorar la velocidad. Déjame contarte de mis "pasatiempos". Me encanta la mitología, especialmente los dioses griegos y romanos.

El señor Van Daan está resfriado y está haciendo un alboroto enorme.

Rauter, un pez gordo alemán, ha dicho en un discurso que todos los judíos deben irse de los territorios ocupados por alemanes. La provincia de Utrecht será purgada de judíos (como si fuéramos cucarachas). Llevan a esa pobre gente como si fuera ganado sucio y enfermo a sus inmundos mataderos. Pero prefiero no hablar de ese tema. ¡De sólo pensarlo tengo pesadillas!

Una buena noticia es que ha habido un incendio en la Bolsa de Trabajo; fue un acto de sabotaje. Unos días después sucedió lo mismo en el Registro Civil. Hombres vestidos con uniformes de policía alemana maniataron y amordazaron a los guardias, y pudieron destruir documentos importantes.

Tuya, Ana

Jueves, 1 de abril de 1943

Queridísima Kitty:

Hoy podría afirmar que ese dicho que dice "La desgracia nunca viene sola" es verdad.

En primer lugar, el señor Kleiman, que siempre nos alegra la vida, tuvo una hemorragia estomacal y tendrá que estar en cama por lo menos tres semanas. Parece que no tiene cura. En segundo lugar, Bep está con gripe. En tercer lugar, el señor Voskuijl tiene que ir al hospital la próxima semana. Probablemente tenga úlcera y deba operarse. En cuarto lugar, los directores de *Industrias Pomosin* vienen para negociar nuevas entregas de mercancías de *Opekta*. Papá había hablado sobre los puntos importantes con el señor Kleiman y

no daba tiempo de poner al tanto al señor Kugler. Papá estaba nervioso pensando en cómo irían las negociaciones.

—¡Si sólo pudiera estar allí; ojalá pudiera estar allá abajo! —decía.

—Por qué no te tiras al suelo y escuchas. Ellos se reunirán en la oficina privada y podrás escucharlo todo —repuse.

A papá se le iluminó la cara y así procedió.

Tuya, Ana

Martes, 27 de abril de 1943

La casa retumba por las peleas. Mamá contra mí, el señor Van Daan contra papá, mamá contra la señora Van Daan. Terrible ambiente, ¿no lo crees?

El señor Voskuijl ya está internado, pero el señor Kleiman volvió a la oficina. Se ha recuperado de su hemorragia antes de lo previsto.

El hotel Carlton está en ruinas. Dos aviones ingleses descargaron bombas incendiarias sobre el Club de Oficiales alemanes. Se incendió toda la esquina de Vijzelstraat y Singel. El número de ataques a las ciudades alemanas es cada vez mayor. Por las noches ya casi ni dormimos; tengo unas ojeras horribles por falta de sueño.

La comida es horrible. Nuestro desayuno consiste en pan duro y café artificial. Las dos últimas semanas almorzamos espinaca y lechuga cocida con papas grandes echadas a perder. ¡Para quien quiera adelgazar, el Anexo es el lugar indicado! Los del piso de arriba viven quejándose, pero a nosotros no nos parece tan trágico.

Todos los hombres holandeses que pelearon contra los alemanes o fueron movilizados en 1940 se han tenido que presentar en los campos de prisioneros de guerra. ¡Me imagino que lo hacen debido a una posible invasión!

Tuya, Ana

Sábado, 1 de mayo de 1943

Queridísima Kitty:

Ayer fue el cumpleaños de Dussel. Al principio parecía que no quería celebrarlo, pero cuando llegó Miep con una bolsa de compra enorme y cargada de regalos, estaba tan excitado como un niño.

Tuya, Ana

Domingo, 2 de mayo de 1943

Queridísima Kitty:

Cuando me pongo a pensar en la vida que llevamos aquí dentro, generalmente llego a la conclusión de que vivimos en un paraíso comparado con aquellos judíos que no están escondidos. De todos modos, en algún momento, cuando todo haya vuelto a la normalidad, probablemente me preguntaré cómo hemos caído tan bajo. Me refiero a nuestra manera de vivir. Por ejemplo: desde que estamos aquí no hemos cambiado el mantel de hule de la mesa. Hago todo lo que puedo para limpiarlo, pero el trapo ya está lleno de agujeros. Los Van Daan, durante todo el invierno, han dormido sobre una franela que usan de sábana, que no se puede lavar por la escasez de detergente. Papá usa unos pantalones deshilachados y una corbata muy gastada. Mamá y Margot han compartido tres camisetas durante el invierno y las mías son tan pequeñas que no me llegan ni a cubrir el estómago. Todas estas cosas se pueden sobrellevar, pero a veces me pregunto cómo haremos para volver a tener la misma posición social que teníamos antes de la guerra.

Martes, 18 de mayo de 1943

Queridísima Kitty:

Acabo de presenciar una pelea feroz entre aviones alemanes e ingleses. Un grupo de pilotos aliados tuvo que abandonar sus aviones en llamas. El lechero vio a cuatro canadienses sentados a un costado del camino. Uno de ellos hablaba holandés y le preguntó al lechero si tenía fuego para encender un cigarrillo. Se los llevó la policía de seguridad alemana. Me pregunto: ¿Cómo conservan esa actitud tan tranquila?

A pesar del calor, tenemos que encender el fuego para quemar los desechos. No podemos arrojar nada al basurero, pues los empleados del almacén podrían verlo.

Anoche los bombardeos eran tan fuertes que mamá tuvo que cerrar la ventana.

Tuya, Ana

Domingo, 13 de junio de 1943

Queridísima Kitty:

El poema que papá me escribió para mi cumpleaños es demasiado hermoso como para no compartirlo. Como *Pim* escribe los versos sólo en alemán, Margot se ofreció para traducirlos al holandés.

La verdad es que me han malcriado completamente con los hermosos regalos que me han hecho, y además recibí un gran libro sobre mi tema favorito: *Mitología griega y romana*. Tampoco puedo quejarme de las golosinas. Como la "benjamina" de la familia del Anexo, he recibido más de lo que merezco.

Tuya, Ana

Viernes, 16 de julio de 1943

Queridísima Kitty:

¡Han entrado ladrones, pero esta vez ladrones de verdad! Como de costumbre, Peter bajó al almacén a las siete de la mañana, y enseguida vio que tanto la puerta del almacén como la de la calle estaban abiertas. En esos casos hay que cumplir ciertas órdenes: no dejar correr el agua, permanecer en silencio, vestirse antes de las ocho y no ir al baño. Y, por supuesto, lo cumplimos al pie de la letra. A las once y media el señor Kleiman vino a contarnos que los ladrones habían abierto la puerta de la calle y la del almacén con una ganzúa. Robaron dos cajas con cuarenta florines, cheques en blanco y, lo que es peor, todos nuestros cupones de azúcar por un total de 150 kilos.

Tuya, Ana

Lunes, 19 de julio de 1943

Queridísima Kitty:

El domingo hubo un terrible bombardeo en el norte de Amsterdam. Parece que hubo grandes destrozos. Hasta ahora se han encontrado 200 muertos e innumerables heridos. Los hospitales están atestados. Se dice que hay chicos buscando a sus padres muertos por entre las ruinas humeantes.

Lunes, 26 de julio de 1943

Queridísima Kitty:

Ayer fue un día bastante agitado, aunque en el Anexo siempre hay incidentes.

La primera alarma de advertencia sonó por la mañana mientras desayunábamos, pero no le prestamos demasiada atención, pues sólo significa que hay aviones sobrevolando la costa. A las dos y media, las sirenas comenzaron a sonar nuevamente, de modo que nos fuimos al piso de arriba. Justo a tiempo, porque en menos de cinco minutos comenzaron los terribles disparos y tuvimos que quedarnos en el pasillo. La casa temblaba y las bombas seguían cayendo. Yo tenía mi bolso bien apretado contra mí, más para aferrarme a algo que por el hecho de la huida en sí. Sabía que no podíamos irnos de aquí pero, si teníamos que hacerlo, ser vistos en las calles sería tan peligroso como estar en medio de un bombardeo.

Después de media hora se oyeron menos aviones. Peter bajó del desván, Dussel estaba en la oficina principal, la señora Van Daan se sentía más segura en la oficina privada y el señor Van Daan había observado todo desde la ventana de la buhardilla. Enseguida nos invadió un olor a humo. La ciudad parecía envuelta en una bruma espesa.

Justo cuando empezábamos a cenar, ¡otra vez la alarma! Pero no sucedió nada. Cuando terminé de lavar los platos, de nuevo se escuchó la alarma aérea, detonaciones y muchísimos aviones. ¡Tantas veces en un mismo día es mucho! —pensamos—, pero de nada sirvió, pues continuó la lluvia de bombas, esta vez del otro lado de la ciudad.

Según un comunicado inglés, Schiphol, el aeropuerto, había sido bombardeado. Los aviones caían en picada y volvían a subir; el estruendo era aterrador. A cada momento, yo me decía: "¡Aquí viene, ha llegado tu hora!".

A las nueve, cuando me acosté, aún me temblaban las piernas. A media noche me desperté: ¡Más aviones! Al primer cañonazo salté de la cama. Me fui a la cama de papá hasta la una, me fui a la mía, regresé; y al fin, pude dormir a las dos y media.

A las siete me desperté de un salto. El señor Van

Daan y papá hablaban y pude oír la palabra "todo". Pensé que habían entrado ladrones y se habían llevado todo. Pero no, esta vez eran noticias maravillosas: Mussolini ha renunciado y el rey de Italia se ha hecho cargo del gobierno.

Saltábamos de alegría. Por fin algo nos trae... ¡nuevas esperanzas! ¡Esperanzas de que por fin se acabe la guerra, esperanzas de paz!

Esta mañana hubo dos alarmas aéreas. Estoy extenuada por las alarmas. Casi no he dormido y lo último que haría es estudiar, pero la esperanza de que la guerra termine antes de fin de año nos mantiene con fuerzas...

Tuya, Ana

Martes, 3 de agosto de 1943

Queridísima Kitty:

¡La política marcha estupendamente! En Italia, el partido **fascista** ha sido prohibido. En muchos sitios el pueblo lucha contra los fascistas. Es la tercera vez hoy que tenemos ataques aéreos. Apreté los dientes y traté de ser valiente.

Mouschi ha demostrado que tener un gato en casa no sólo trae ventajas: toda la casa está llena de pulgas y cada vez hay más. A todos nos pone muy nerviosos.

Tuya, Ana

Viernes, 10 de septiembre de 1943

Queridísima Kitty:

Cada vez que te escribo, algo especial sucede, generalmente algo más desagradable que agradable. Esta vez, sin embargo, algo maravilloso está sucediendo.

El miércoles 8 de septiembre estábamos escuchando las noticias de las siete cuando oímos el siguiente anuncio:

—Estimados oyentes: hace una hora y quince minutos, justo cuando terminaba de escribir mi informe diario, recibimos la maravillosa noticia de la capitulación de Italia.

Sin embargo, también tengo malas noticias porque el señor Kleiman siempre está enfermo, tiene dolores, no puede comer o caminar mucho. Mamá dijo que, cuando el señor Kleiman entra en casa, brilla el Sol, y está absolutamente en lo cierto.

Tuya, Ana

Jueves, 16 de septiembre de 1943

Queridísima Kitty:

Las relaciones aquí en el Anexo cada vez se tornan más difíciles. No nos atrevemos a abrir la boca durante las comidas (salvo para comer), pues no importa lo que uno diga, alguien se molestará y lo malinterpretará.

Todos los días tomo una infusión de valeriana para combatir la ansiedad y la depresión. Pero eso no evita que al día siguiente me sienta aún más triste. Reír, reír y reír, eso me ayudaría más que diez valerianas, pero ya casi hemos olvidado cómo reírnos.

Tuya, Ana

Viernes, 29 de octubre de 1943

Mi queridísima Kitty:

El señor Kleiman sigue enfermo: su estómago no le da un minuto de paz.

Más discusiones feroces entre el señor y la señora Van Daan. El motivo es simple: no tienen más dinero. El señor Van Daan dijo que era buena idea vender el abrigo de piel de su mujer. Le pagaban 325 florines. Una suma increíble. No te puedes imaginar los gritos, llantos y pataleos que siguieron. Fue aterrador. Nosotros nos quedamos al pie de las escaleras, conteniendo la respiración por si hacía falta separarlos. Todas esas peleas me han causado un grado tal de estrés que por las noches caigo en la cama llorando, dando gracias al cielo de que finalmente tengo media hora para mí sola.

Yo estoy bien, salvo que no tengo apetito. Permanentemente me dicen: "¡Qué mal aspecto tienes!". Debo admitir que hacen todo lo que pueden por mi salud. Me dan dextrosa, aceite de hígado de bacalao, tabletas de levadura y calcio. A veces no consigo dominar mis nervios, especialmente los domingos, que es cuando realmente me siento muy triste. El ambiente de la casa es deprimente. En la calle ya no escuchas ni un solo pájaro. Un mortal y opresivo silencio se apodera de la casa y me aprisiona como si me fuera a arrastrar hasta el más profundo de los abismos. Voy de habitación en habitación, subo y bajo las escaleras, y me siento como un pájaro cantor al que le han cortado las alas. Algo grita dentro de mí: "¡Déjenme salir, quiero aire fresco, quiero reír!".

Tuya, Ana

Miércoles, 3 de noviembre de 1943

Queridísima Kitty:

Para distraernos un poco y ocupar nuestras mentes en algo útil, papá ha pedido un folleto de cursos por correspondencia. Papá solicitó un curso de "Latín elemental".

Margot se puso a estudiar muy entusiasmada.

Para incentivarme con algo nuevo, papá le encargó al señor Kleiman una Biblia para niños, así podría aprender algo sobre el Nuevo Testamento.

—¿Le vas a regalar a Ana una Biblia para Hanuka? —preguntó Margot algo desconcertada.

—Sí... bueno, tal vez sería más adecuado que se la regale para el día de San Nicolás —contestó papá.

Es que Jesús y Hanuka no armonizan entre sí.

Tuya, Ana

Noche del lunes, 8 de noviembre de 1943

Queridísima Kitty:

Si leyeras todas mis cartas de una sola vez, te sorprenderías al ver cómo cambian mis estados de ánimo. Pero no soy la única; aquí en el Anexo nos pasa a todos. Como puedes ver, estoy atravesando un periodo de depresión.

Esta noche, cuando aún Bep estaba aquí, se oyó un timbre largo y fuerte. Instantáneamente me puse pálida, me dio dolor de estómago y taquicardia.

De noche, en mi cama, me parece verme sola en una prisión, sin mamá ni papá. O me encuentro merodeando por las calles o veo el Anexo en llamas, o ellos nos vienen a buscar de noche y, en la desesperación, me meto debajo de la cama. ¡Y pensar que todo esto puede suceder en cualquier momento!

Nos veo a nosotros ocho en el Anexo como si fuéramos un trozo de cielo azul rodeado por amenazantes nubes negras. La isla redonda en la que nos encontramos aún nos mantiene a salvo, pero las nubes se van acercando y el círculo que nos separa del peligro inminente se cierra cada vez más. Estamos rodeados de oscuridad y peligro. Y en nuestra búsqueda desesperada por salir tropezamos con nosotros mismos. Miramos hacia abajo, donde los hombres luchan entre sí, o hacia arriba, donde encontramos la paz y la belleza. Y, entre tanto, estamos aislados por esa masa oscura que nos impide ir hacia abajo o hacia arriba.

Tuya, Ana

Lunes, 6 de diciembre de 1943

Queridísima Kitty:

Cuanto más se acerca San Nicolás, más nos acordamos de la cesta del año pasado, tan hermosamente decorada. Le consulté a *Pim* y escribimos un verso para cada uno.

El domingo por la noche subimos al piso de arriba llevando un enorme canasto y les leímos los versos que acababan así:

> *...De todas maneras, hoy lo queremos celebrar*
> *y aunque ya no queda nada para regalar*
> *podemos echar mano de un último recurso*
> *que se encuentra en el zapato de cada uno...*

Cuando todos sacaron sus zapatos del canasto, hubo una carcajada general. Dentro de cada zapato había un pequeño paquetito con el nombre del propietario.

Tuya, Ana

Miércoles, 22 de diciembre de 1943

Queridísima Kitty:

Una gripe muy fuerte me ha impedido escribirte hasta el día de hoy. Estar enferma aquí es horrible. Cada vez que tenía que toser me metía debajo de la frazada, una, dos, tres veces, y trataba de no toser más. Me mareo de pensar en todos los tratamientos. Pero basta ya de hablar de mi enfermedad. Ahora me siento como nueva, he crecido un centímetro y aumenté un kilo. Estoy pálida, pero deseosa de ponerme a estudiar.

Excepcionalmente, todos nos llevamos muy bien. No hay discusiones aunque probablemente esta calma no dure demasiado. Hace por lo menos seis meses que en esta casa no había paz ni tranquilidad.

Tuya, Ana

Lunes, 27 de diciembre de 1943

Por primera vez en mi vida, el viernes por la noche recibí un regalo de Navidad. El señor Kleiman, el señor Kugler y las chicas nos han preparado una hermosa sorpresa. Miep preparó un delicioso pastel de Navidad con una inscripción que decía: "Paz 1944", y Bep nos trajo galletas de muy buena calidad.

Para Peter, Margot y para mí hubo un tarro de yogurt, y una botella de cerveza para cada uno de los adultos. Todo venía envuelto en un papel muy bonito, con figuras pegadas en cada paquete. Aparte de eso, la Navidad pasó rápidamente.

Ana

Jueves, 6 de enero de 1944

Queridísima Kitty:

Ayer leí un artículo sobre por qué nos ruborizamos, escrito por Sis Heyster. Era como si lo hubiera escrito directamente para mí. Básicamente lo que ella dice es que, durante la pubertad, las niñas se encierran en sí mismas y empiezan a tomar conciencia de todos los maravillosos cambios que experimentan en sus cuerpos.

Sis Heyster también escribe que las adolescentes de mi edad se sienten muy inseguras de sí mismas y empiezan a descubrir que son seres individuales con ideas, pensamientos y hábitos propios.

Jueves, 6 de enero de 1944

Queridísima Kitty:

Mi deseo de hablar con alguien es tan fuerte que elegí a Peter para ello. Las pocas veces que he ido a la habitación de Peter durante el día, siempre sentí que era linda y acogedora, pero Peter es muy amable como para mostrarle la puerta a alguien cuando lo están molestando. Traté de encontrar una excusa para quedarme en la habitación. Lo único que hace Peter durante el día son crucigramas. Lo empecé a ayudar y pronto estuvimos sentados uno frente a otro en su mesa.

Tuve una sensación muy agradable cuando miré sus ojos de color azul profundo y vi cuán avergonzado se sentía por mi inesperada visita. En su rostro se veía reflejada una mirada de desamparo e inseguridad, de no saber cómo comportarse y, al mismo tiempo, un destello de conciencia de su masculinidad. Al notar su timidez, sentí que me derretía por dentro. Hubiera querido decirle que me contara algo sobre sí mismo.

No vayas a pensar que estoy enamorada de Peter, porque no es así. Si los Van Daan hubieran tenido una mujer en vez de un varón, también hubiera tratado de ser amiga de ella.

Tuya, Ana

Miércoles, 12 de enero de 1944

Queridísima Kitty:

Margot está mucho más amable. Parece muy distinta a como era antes. No está tan arisca y nos estamos haciendo bastante amigas. Ya no me considera una pequeña niñita a la que no se tiene en cuenta.

Viernes, 28 de enero de 1944

Queridísima Kitty:

Vivir en la clandestinidad o escondidos se está volviendo algo común en estos días. Hay muchas organizaciones clandestinas, tales como "Holanda Libre", que falsifican documentos, proveen de dinero a la gente que está escondida, preparan lugares para usar como escondite o dan trabajo a jóvenes cristianos que están en la clandestinidad.

El mejor ejemplo de esto es el de nuestros protectores, que nos ayudan siempre; espero que todo esto nos conduzca a buen puerto, pues, si no, ellos correrán la misma suerte de aquellos a quienes están protegiendo. Nunca se han quejado de la carga que representamos. Vienen a visitarnos todos los días y hablan con todos nosotros. Siempre se muestran alegres, nos traen flores y regalos para los cumpleaños y días de fiesta. Es algo que nunca olvidaremos: mientras unos muestran su heroísmo luchando contra los alemanes, nuestros protectores lo demuestran con su afecto.

Tuya, Ana

Jueves, 3 de febrero de 1944

Queridísima Kitty:

El clima de invasión ya se ha extendido por todo el país.

Los periódicos vuelven loca a la gente publicando: "En caso de que los ingleses invadan Holanda, las autoridades alemanas harán lo necesario para defender el país, aun inundarlo si es necesario".

Me siento tranquila y ajena al revuelo que hay a mi alrededor. De todos modos, no puedo hacer nada. Dejaré que los acontecimientos sigan su curso, me concentraré en el estudio y esperaré a que finalmente todo salga bien.

Tuya, Ana

Sábado, 12 de febrero de 1944

Queridísima Kitty:

El Sol brilla, el cielo se ve de un color azul intenso, hay una brisa muy agradable y yo tengo enormes deseos de todo, realmente de todo. Deseos de conversar, deseos de libertad, deseos de estar con mis amigos, deseos de estar sola. ¡Deseos de... llorar!

Me siento como si fuera a estallar. Estoy muy inquieta. Voy de una habitación a otra, respiro por la rendija de la ventana cerrada, siento como si mi corazón me dijera en cada latido: "¿No podrías cumplir mis deseos?".

Siento que la primavera está dentro de mí.

Tuya, Ana

Miércoles, 23 de febrero de 1944

Mi queridísima Kitty:

Desde ayer el tiempo está hermoso y me siento mucho mejor. Casi todas las mañanas voy al desván para sacar el aire viciado que llevo en los pulmones. Esta mañana, cuando fui para allá, Peter estaba ocupado haciendo limpieza. Terminó rápido y vino a donde yo estaba, sentada en el piso en mi lugar favorito. Los dos mirábamos el cielo azul, el castaño sin hojas, lleno de gotitas resplandecientes, las gaviotas y los otros pájaros que, al volar, se veían color plata.

Mientras esto exista —pensé—, este sol que brilla, ese cielo tan azul, y mientras pueda verlo, ¿cómo podría sentirme triste?

Creo firmemente que la Naturaleza puede traer bienestar a todo aquel que sufre.

Tuya, Ana

Domingo, 27 de febrero de 1944

Mi queridísima Kitty:

Desde la mañana temprano hasta la noche bien tarde, lo único que hago es pensar en Peter. Me quedo dormida con su imagen ante mis ojos, sueño con él y me despierto con la imagen de él mirándome.

Tuya, Ana M. Frank

Miércoles, 1 de marzo de 1944

Queridísima Kitty:

Mis asuntos personales han quedado relegados, pues otra vez entraron ladrones. Creemos que el ladrón tenía un duplicado de la llave, ya que la cerradura no había sido forzada. ¿Quién puede tener nuestra llave? ¿Será uno de nuestros empleados y nos entregará?

Estamos todos muy asustados porque no sabemos si el ladrón intentará entrar de nuevo o no.

Tuya, Ana

Viernes, 3 de marzo de 1944

Mi queridísima Kitty:

Esta noche me sentí feliz y tranquila nuevamente. Es como si mi abuela me cuidara y me hiciera sentir feliz. Pero... hay alguien más que maneja mis estados de ánimo y esa persona es Peter.

Kitty, parezco una mujer enamorada, y Peter es mi verdadero amor. ¿Podré alguna vez decirle eso? Sólo si a él le pasa lo mismo. De todos modos tenemos que conocernos un poco más. Una o dos veces al día me mira con complicidad, yo le guiño el ojo y los dos nos ponemos contentos. Parece una locura decir que él se siente feliz, pero tengo la sensación de que piensa exactamente como yo.

Tuya, Ana M. Frank

Sábado, 4 de marzo de 1944

Querida Kitty:

¡Ay, me siento tan feliz! Me pregunto si Peter se enamorará de mí. De todos modos es una buena persona y no tienes idea de lo agradable que es estar con él.

A la señora Van Daan le parece bien que yo hable con Peter; pero hoy me preguntó, en un tono bastante burlón, si podía confiar en nosotros que estábamos solos allá arriba.

—¡Por supuesto! —contesté con un tono de protesta—. ¡Esto es una ofensa!

Mañana, tarde y noche espero ansiosamente ver a Peter.

Tuya, Ana M. Frank

Martes, 14 de marzo de 1944

Queridísima Kitty:

La gente que nos proporciona los cupones de comida fue arrestada por los alemanes; nos quedan únicamente cinco tarjetas, sin cupones de más ni manteca ni aceite. Como Miep y el señor Kleiman están otra vez enfermos, Bep no puede hacer las compras. A partir de mañana no habrá más grasa ni mantequilla ni margarina. Desayunamos con cereal caliente. El almuerzo de hoy consiste en un puré de papas y col en conserva. No puedes creer el olor horrible que tiene la col cuando ya tiene unos años. Además de esto, las papas han contraído una extraña enfermedad y casi la mitad fue a parar a la basura. Me pregunto cuándo terminará toda esta pesadilla.

Tuya, Ana

Jueves, 23 de marzo de 1944

Queridísima Kitty:

Las cosas aquí han vuelto a la normalidad. El hombre de los cupones ha quedado libre, ¡gracias a Dios!

Miep volvió ayer. Bep está mejor a pesar de que todavía tiene tos y el señor Kleiman deberá permanecer en su casa por bastante tiempo.

Ayer un avión se estrelló en las cercanías. La tripulación pudo abrir los paracaídas a tiempo. Hubo un pequeño incendio y algunos muertos. Los alemanes les dispararon a los aviadores mientras descendían. Fue terrible. Los habitantes de Amsterdam que vieron esto estaban furiosos ante un acto tan horroroso.

Tuya, Ana

Miércoles, 29 de marzo de 1944

Queridísima Kitty:

El ministro Bolkestein habló por la emisora holandesa desde Londres y dijo que después de la guerra se armará una colección de diarios y cartas que cuenten cosas sobre la misma. Por supuesto, todos lanzaron los ojos sobre mi diario. Sólo imagina lo interesante que podría ser si publico una novela sobre "El Anexo secreto". Sólo el título haría pensar a la gente que se trata de una novela policiaca.

Diez años después de la guerra, a la gente le resultaría divertido leer cómo vivíamos, qué comíamos y de qué hablábamos ocho judíos viviendo escondidos. A pesar de que te he contado bastantes cosas de nuestras vidas, aún no sabes demasiado sobre nosotros, como el miedo que sienten las mujeres durante los ataques aéreos. Por ejemplo, el domingo pasado, cuando 350 aviones ingleses arrojaron 550 toneladas de explosivos sobre Ijmuiden, haciendo temblar las casas como hojas de papel. O la cantidad de epidemias que se han desatado. Tú no sabes nada de esas cosas y me llevaría todo el día si quisiera contarte todo con detalle. La gente tiene que hacer cola para comprar verdura; los médicos casi no pueden ir a ver a los pacientes porque les roban los autos y las bicicletas apenas se dan la vuelta. Los robos y los asaltos se han vuelto comunes. Chicos de entre ocho y once años rompen las ventanas de las casas y roban lo que tienen al alcance de la mano.

La moral de los holandeses está por el suelo. Todos tienen hambre; salvo el café artificial, la ración semanal no alcanza ni para dos días. A los hombres los envían a Alemania, los niños se enferman o están desnutridos y

todo el mundo va mal vestido y mal calzado.

Algo bueno ha surgido de todo esto: los actos de sabotaje contra las autoridades son mayores. Afortunadamente, son pocos los holandeses que están en el bando contrario.

Tuya, Ana

Viernes, 31 de marzo de 1944

Queridísima Kitty:

Sólo imagínate, hace un frío terrible y hay gente que hace casi un mes que no tiene carbón. Suena terrible, ¿no? Hay un ambiente más optimista debido al frente ruso, que es formidable.

Hungría ha sido ocupada por las tropas alemanas. Todavía hay un millón de judíos viviendo allí. Me parece que están condenados.

Se habla menos sobre Peter y sobre mí. Somos muy buenos amigos. Pasamos mucho tiempo juntos y hablamos de todos los temas imaginables.

Mi vida aquí ha mejorado mucho, muchísimo.

Tuya, Ana M. Frank

Lunes, 3 de abril de 1944

Querida Kitty:

La comida se está volviendo un tema difícil, no sólo aquí en el Anexo sino en toda Holanda, toda Europa y en muchos otros lugares.

En los veintiún meses que llevamos aquí dentro hemos tenido muchos "ciclos de comida". Un "ciclo de comida" es un periodo en el cual comemos el mismo plato o la misma verdura. Durante mucho tiempo hemos comido escarola con arena, escarola sin arena, escarola con puré, escarola con puré a la cacerola...

Debido a que el pan escasea, comemos papas en todas las comidas. Quería contarte que para hacer las albóndigas sólo usamos harina, agua y levadura.

El mayor incentivo es la porción semanal de morcilla de hígado y la mermelada. ¡Pero aún estamos vivos y la mayoría de las veces sabe rico!

Tuya, Ana M. Frank

Martes, 4 de abril de 1944

Mi queridísima Kitty:

Durante mucho tiempo me he preguntado para qué sigo estudiando.

Peter ha llenado mis días, pero el sábado por la noche empecé a sentirme terriblemente triste. Contuve las lágrimas mientras estuve con Peter y me reí cuando tomábamos limonada con los Van Daan, pero, apenas estuve sola, lloré para desahogarme. Mi fuerte llanto me hizo volver a la realidad y traté de reanimarme diciéndome: ¡Debo hacerlo, debo hacerlo, debo hacerlo...!

Finalmente, me di cuenta de que debo estudiar para no ser ignorante, para avanzar en la vida, para ser periodista, pues ¡eso es lo que quiero!

¡Sé que puedo escribir! Algunas de mis historias son buenas, mis descripciones del Anexo secreto son graciosas, gran parte del diario tiene párrafos intensos y llenos de vida, pero... hay que ver si realmente tengo talento.

El sueño de Eva es mi mejor cuento de hadas. *La vida de Cady* tiene partes bastante buenas, pero el libro en general no es muy especial.

Cuando escribo, me olvido de todo. Mis penas desaparecen, ¡mi valentía revive! Pero entonces me pregunto: ¿Podré algún día llegar a ser periodista o escritora?

Así que adelante con nuevos ánimos. ¡Pues estoy decidida a escribir!

Tuya, Ana M. Frank

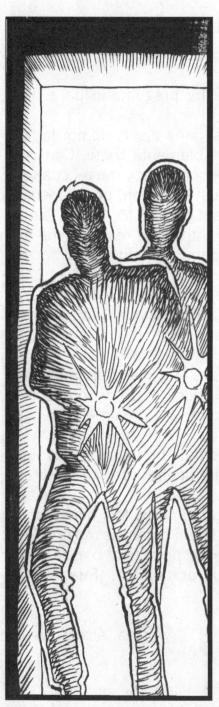

Martes, 11 de abril de 1944

Mi queridísima Kitty:

La cabeza me da vueltas, realmente no sé por dónde empezar. El domingo a las nueve y media, Peter habló en un tono muy bajo con papá. Por el tono en que hablaban, ¡era como si hubiesen entrado ladrones! Estaba en lo cierto. Estaban robando el almacén.

Los cuatro hombres bajaron enseguida. Cuando entraron en el almacén, los ladrones estaban todavía ahí. Sin pensarlo, el señor Van Daan gritó: "¡Policía!". Se oyeron pasos apresurados: los ladrones habían huido. Colocaron la tabla en la puerta para que la policía no descubriera el hueco, pero una fuerte patada desde fuera la tiró violentamente al suelo. Los hombres se quedaron perplejos. Volvieron a colocar la tabla, pero desde fuera un hombre y una mujer iluminaron con una linterna hacia el almacén. "Quién está...", murmuró uno de los hombres. Ahora se habían cambiado los papeles. Ya no eran policías, ahora eran los ladrones. Los cuatro corrieron hacia arriba y, por último, terminaron detrás del armario.

Muy probablemente el matrimonio de la linterna avisó a la policía. Era domingo por la noche, y el lunes de Pascua no iba a haber nadie en la oficina, o sea, que hasta el martes por la mañana no podríamos movernos. ¡Imagínate un día y dos noches con ese miedo! No pensábamos en nada, estábamos en la oscuridad.

A las once y media, un ruido abajo. Arriba se podía oír la respiración de la familia. Por lo demás, nadie se movía. Pasos en la casa, en la oficina privada, en la cocina, luego... en la escalera. Casi dejamos de respirar, ocho corazones latiendo. Pasos en la escalera, luego ruidos como si estuvieran moviendo el armario. Ese momento no te lo puedo describir.

—¡Estamos perdidos! —dije, y tuve la visión de que nos llevaría la **Gestapo**.

Más movimientos del armario, dos veces; luego, una lata que cae y los pasos que retroceden. ¡Hasta aquí estábamos fuera de peligro!

Conversaciones, murmullos, temores, flatulencias, mal olor. ¡Intenta dormir así!

—¡Deberíamos esconder la radio! —se quejó la señora Van Daan.

—Sí, por supuesto, ¡en el horno! —contestó el señor Van Daan—. Si nos encuentran a nosotros, ¡encontrarán también la radio!

—¡En tal caso, también encontrarán el diario de Ana! —agregó papá.

—Bueno, entonces quémenlo —sugirió la más miedosa del grupo.

Esto y la policía tratando de mover la puerta del armario fueron los momentos en que más miedo sentí. No, mi diario no. ¡Si mi diario se quema, yo me quemaré con él!

Por suerte, papá no dijo nada más.

Tranquilicé a la señora Van Daan, que estaba muy asustada.

—Debemos comportarnos como soldados, señora Van Daan. Si nos ha llegado la hora, bueno, entonces será por la Reina y la Patria, por la libertad, por la verdad y por la justicia, como siempre suele decir la radio. ¡Lo único malo es que arrastraremos a otros con nuestra desgracia!

Las cuatro, la cinco, las cinco y media. Fui y me senté con Peter junto a su ventana a escuchar; estábamos tan cerca que cada uno podía sentir cómo le temblaba el cuerpo al otro. Sólo dijimos una o dos palabras, y luego escuchamos con atención. Hicieron una lista de

todo lo que le iban a decir al señor Kleiman, pues querían llamarlo por teléfono a las siete y hacer venir a alguien.

Todo salió como estaba planificado. Llamaron al señor Kleiman. Luego nos sentamos alrededor de la mesa a esperar a Jan o a la policía.

Escuchamos pasos firmes abajo.

—¡No, no es la policía! —dijeron todos.

Llamaron a nuestra puerta-armario. Miep silbó.

Jan y Miep, por supuesto, fueron recibidos con gritos y lágrimas.

Jan salió para ir a informar del robo a la policía y a hablar con el sereno.

Teníamos media hora para arreglarnos y acomodar la casa. Nunca antes había visto semejante transformación en treinta minutos. Abajo, Margot y yo sacamos las camas, fuimos al baño, nos lavamos los dientes, nos lavamos las manos y nos peinamos. Después acomodé la habitación y volví a subir. La mesa ya estaba ordenada, trajimos agua, hicimos café y té, hervimos la leche y pusimos la mesa. Papá y Peter vaciaron los recipientes de orina y los limpiaron con agua tibia y polvo con cloro.

A las once, Jan había vuelto y nos contó la siguiente historia:

El señor Sleegers había descubierto un hueco en la puerta. Avisó a un policía y juntos recorrieron el edificio. En la comisaría no sabían nada del robo, pero tomaron nota para venir el martes por la mañana.

El señor Van Hoeven, nuestro proveedor de papas, le contó a Jan:

—Pasé con mi esposa e iluminé con la linterna; los ladrones huyeron. Por las dudas no llamé a la policía —dijo—. Pensé que no sería bueno en este caso.

El señor Van Hoeven sospecha que estamos aquí. ¡Un hombre honesto!

Era la una cuando Jan se fue. Los ocho nos fuimos a dormir. Me desperté a las tres y cuarto y me encontré con Peter.

"Después de todo esto, ¿te animas a ir al desván de adelante?" —me preguntó. Dije que sí y subimos juntos. El tiempo estaba maravilloso y, a pesar de que las sirenas enseguida comenzaron a sonar, nos quedamos donde estábamos. Peter pasó su brazo sobre mis hombros y yo hice lo mismo, y así nos quedamos sentados hasta que a las cuatro nos vino a buscar Margot para tomar café.

Esa noche le agradecí a Peter porque había sido el más valiente de todos.

Ninguno de nosotros había estado jamás en peligro como estuvimos esa noche.

Esperaba que llegara la policía y estaba lista para morir, como un soldado en el campo de batalla.

¡Ahora sé que valor y alegría es lo que se necesita!

Tuya, Ana M. Frank

Domingo, 16 de abril de 1944

Mi muy querida Kitty:

¿No es importante para cualquier chica el día en que le dan el primer beso?

Anoche estaba sentada con Peter en su diván, y al poco tiempo me abrazó. Me tenía fuertemente abrazada contra su pecho; mi corazón había comenzado a latir con rapidez. No estuvo conforme hasta que tuve mi cabeza apoyada contra su hombro.

A las nueve y media nos levantamos. Antes de bajar, me dio un beso en el cabello, en medio de la mejilla izquierda y el oído. Corrí hacia abajo sin mirar atrás.

Tuya, Ana M. Frank

Miércoles, 19 de abril de 1944

Queridísima Kitty:

¿Qué podría ser mejor que sentarse ante una ventana abierta, disfrutar de la Naturaleza, escuchar el canto de los pájaros, sentir la caricia del Sol en las mejillas y en los brazos tener al ser amado? Me siento tan tranquila y tan segura cuando me abraza. ¡Ay, ojalá nunca nos interrumpieran, ni siquiera *Mouschi*!

Tuya, Ana M.Frank

Viernes, 21 de abril de 1944

Mi queridísima Kitty:

Ayer me quedé en cama, pues tenía dolor de garganta, pero hoy me levanté.

Quiero preguntar a la revista *El Príncipe* si podrían publicar uno de mis cuentos de hadas; por supuesto, bajo un seudónimo.

¡Hasta la próxima, querida!

Tuya, Ana M. Frank

Martes, 25 de abril de 1944

Queridísima Kitty:

Escribí un hermoso cuento llamado *Blurr el explorador*, y le ha gustado mucho a mis tres oyentes.

Tuya, Ana M. Frank

Miércoles, 3 de mayo de 1944

Queridísima Kitty:

Como sin duda te puedes imaginar, a menudo nos preguntamos con desesperación: ¿Cuál es el sentido de la guerra? ¿Por qué, ay, por qué la gente no puede vivir toda junta pacíficamente? ¿Por qué toda esta destrucción?

Con frecuencia me he sentido decaída, pero nunca he desesperado. He tratado de vivir la vida en el Anexo como un aventura interesante, llena de peligro, de romance; y cada privación la he tomado como algo divertido que le agrego a mi diario.

Jueves, 25 de mayo de 1944

Queridísima Kitty: ·

Todos los días ocurre algo nuevo. Esta mañana han arrestado al señor Van Hoeven. En su casa había dos judíos escondidos.

El mundo está dando vueltas. A la gente más honesta la mandan a los campos de concentración, a las cárceles y a las celdas solitarias.

Tuya, Ana M. Frank

Martes, 13 de junio de 1944

Queridísima Kitty:

Otro cumpleaños ha pasado, de modo que ya tengo quince años. Papá y mamá me regalaron los cinco tomos de *Historia del Arte*, ropa interior, dos tarros de yogurt, un frasco de mermelada, dos masitas de miel y un libro de botánica.

A pesar del mal tiempo, las tormentas, la lluvia torrencial y el mar embravecido, la invasión marcha muy bien.

Tuya, Ana M. Frank

Sábado, 15 de julio de 1944

Queridísima Kitty:

Veo el mundo transformarse lentamente en un desierto, siento el sufrimiento de millones de personas. Y todavía, cuando miro al cielo, de algún modo siento que todo cambiará para mejor, que esta atrocidad también terminará, y que la paz y la tranquilidad volverán finalmente. Mientras tanto, debo conservar mis ideales y tal vez llegue el día, en los tiempos venideros, en que pueda hacerlos realidad.

Tuya, Ana M. Frank

Glosario

Fascismo: movimiento político contrario a la democracia. Cree en el poder del Estado y del jefe sobre el individuo.

Florín: moneda holandesa. Su origen proviene de Florencia.

Gestapo: cuerpo de policía política alemana que se distinguía por su crueldad.

Genealógico: serie de progenitores de cada individuo.

Hipocondriaco: enfermo que exagera los sufrimientos reales e imaginarios.

*Hanuka***:** festividad judía que coincide más o menos con la fiesta de San Nicolás (25 de diciembre-Navidad). Conmemora el triunfo de los macabeos sobre los sirios.

Nazismo: movimiento autoritario, llamado nacionalsocialismo, con tendencia política de extrema derecha, racista y antisemita. La persecución racista se llevó a cabo en campos de exterminio en la Segunda Guerra Mundial.

Nazi: miembro del movimiento llamado nazismo o nacionalsocialismo.

SS: (*Schutz Staffel*) Cuerpo de policía militarizada del partido nazi alemán. Vigilaba a los prisioneros en los campos de concentración.

Pogroms: persecuciones de castigo organizadas contra los judíos.

Shock: voz inglesa. Choque, colapso.

El diario de Ana Frank -adaptación-
Tipografía: Fernando Soto Vidal
Interiores: Papel Marfil de 75 g
Portada: Cartulina sulfatada de 12 pts.
Encuadernación: Rústica
Tintas, barnices y pegamentos: Liber Arts S.A. de C.V.
Negativos de portada: Promografic
Negativos de interiores: Daniel Bañuelos
Impresión de portada: Grupo Impresor Mexicano S.A. de C.V.
Esta edición se imprimió en junio de 2006,
en Grupo Impresor Mexicano S.A. de C.V., cda. Trueno, mza. 88,
lote 31, col. San Miguel Teotongo